Ruth Rousselange

grasabwärts
Gedichte

Verband deutscher Schriftsteller
Landesverband Saar
Edition Saarländisches Künstlerhaus

In der Waagerechten
Kinn platt gedrückt ins Sofakissen
Staub einatmen
sieht alles ganz schräg aus
Wange brennend heiß vom Gewicht
so ungewollt stehen Bücher in Regalen
Titel verschwommen
Stühle, Zeitungen
mit Kippgefahr

papierdünner Hals würgt kehlige Laute aus
befreiend erster Schrei
Sportschuhe, Lederschuhe
still im Schatten
wie zufällig geparkt im Supermarkt
keine Beziehung
Nähte auf Leder
abgetreten
Senkel hängen lose herab

pochendes Fleisch
zur Ruhe geschoben
schickt Bilder ins Hirn
Luft an aufgedeckter Haut
matt ohne Sauerstoff

Topicana ist eine Buchreihe des VS Saar. Sie erscheint in der Edition Saarländisches Künstlerhaus. Topicana stellt sich die Aufgabe, Literatur zugänglich zu machen, die unter den herrschenden Marktbedingungen kaum noch den Weg in die Öffentlichkeit findet. Besonders will sich Topicana dem offenen Text, dem literarischen Experiment, der poetischen Grenzüberschreitung widmen.

gleichgültige Leere blickt heraus
innen hohl, apathische Organe
Finger träg’ wie Tischplatten
kein Unterschied mehr
ausgeleert, nur noch Ding
absichtslos

Waagerecht

Mess is a Mädchen
Kaugummiblasen rosa
zwei Stück klebrige Zöpfe
dürres Halsgestell
Spaghettiträgertaue schlingern dran
zartes Tuch auf blasser Haut
drunter zwei Knopfgewölbe
strecken neugierängstlich
die Augen auch
schminkeverschmiert
gepiercter Bauchnabel
zum Blickfang freigegeben
knallbunte Plastikringe
rot gelb orange
ein Totenkopf
Modeschmuckrebellin

zu kurzer Rocksaum überm Knieschorf
kaum verheilt
prallgespannte Backenflagge
schrittweise nach vorn gestülpte
pastellfarbne Unschuld
Venusfliegenfalle
fruchtrote Fleischfasern
Waldmeisterzehenglitzer

twinkle twinkle little star
how I wonder what we are

Stöckelgang auf hohem Kork
blupp bluuupp Bläschenknaller
Puderzuckerlippen
losgerissen von Mamahand
schrecklich froher Taumelgang
eben frisch vom Puppenspiel
jetzt Männerhatz
Zahnweiß ohne Jahresringe
schlägt auf Fruchtgummi
mit der Zunge drüberlecken
hellblauer Wimpernschlag

Ken soll warten
Barbie kommt

Barbie kommt

Watching Milena on the wall
her knocking smile says it all
denke ich während ich dich ansehe
du lächelst nicht
dein Blick sendet scharfe Strahlen
während du durch diese Stadt gehst
vorbei an hohen Wänden
graufeucht karg
unter einem Nachthimmel
der nie schwarz wird hier drinnen
nur dunkles Türkis
kein guter Ersatz
für alles verschlingende Elemente

der Wind wenigstens beißt noch in die Haut
drückt die Lider herunter
verhakt die Wimpern

aber du gehst den Catwalk
Augen weit aufgerissen
von unbestimmbarer Farbe
durch lang gewundene Straßen
an ihren Rändern Bäume
recken wie verzweifelte Kinder
Armstümpfe in die Luft

erbärmlich astlose
irrwitzige Pflanzen
abgestanden in einer halbgaren Stadt

irgendwo hinterm starren Blick
nagt eine nie schlafende Qual
tröstlicher Motor zittriger Finger
Watching Milena on the wall

du gehst ohne Spur
jeden Tag neu
drinnen
but not belonging

Milena

so blöd
sich von dicken Fingerkuppen
belullen lassen

Striche auf
blanker Haut
eben noch
schier platzend
brodelnde Stinkwut
tausend Grad kalt

jetzt Wackeldackellächeln
Bravgrinswedelbückdichklappezugesicht

wieso verraucht
kostbarer Zorn
durch welche Kanäle
geflüchtet
rote Blutkörperchen
warten auf dich

sammelbereit
anstaugierig
hortbar
schwellwütig

bis zum

rrggeraAAAHHHHH

EXPLODIEREN

los sofort
Finger gekappt

nie mehr

15 Sanftmut
im Blut

Finger kappen

gefegt werden
ausgekehrt
bis tief in die Ecken
leergeräumt

Sturmhiebe drängen
reißen an Krusten
schälen Triebwunden
zücken Nervenenden
knöcherne Fäuste
blättern im Buch der Liebe

16

fegen

wäre gern
wüstentrockengebiet
das auskommt ohne
tägliche bewässerung
potenter strahlen
porentief im endgedärm

strahl

du bist nicht ich
kannst nicht fühlen
wie's ist
kannst nicht hören
wie's pocht
tief drinnen
kleine erdbeben
erschrecken
schicken blut
ins geflecht
durch das sie
wie ein wunder
wege finden
immer wieder
zurück
zum epizentrum

du bist nicht ich
sollst's nicht sein
mich nicht verstehen
aushorchen
forschen
spionieren
eindringen
in mein dickicht

unüberwindlich
schlingpflanzen
im dunkel
heiß nass starr
würgen ab
was gerade ist

dickicht

Er wird nie kommen
der verdammte Punkt
wo ich denke
jetzt ist alles
Harmonie

weil was in mir frisst
quält brennt
und das bist du
mein Geliebter

drehst mich um
saugst mich aus
machst mich mürbe

nicht mal einfach gehen
kann ich es fehlt mir schon
mein rechter Fuß

Geliebter

Ein Wort von dir kann töten
wie freigiebig du mit ihnen bist
als hätten sie nicht
Ecken und Kanten
zu schneiden und zu durchbohren

ich sollte sie meiden
übergehen
aber statt dessen
stürz ich mich zitternd
fleischlings hinein

Geliebter 2

Schreiender Mund
weit aufgerissenes Höllenloch
befiehlt mir Schweigen

kochender Hass
durchschießt mich
ich schlage Blasen
nachtschwarze Tore
rauschen hinter meine Lider
mein Körper steht starr vor lähmender Wut

Eisblöcke sengen mein Hirn
bleischwere Gedanken

stürzen

ins

Öde

Hass

wie wenig brauchts
oder wie viel
um reinzukommen
ins Halsgrübchen
die Finger zu reiben
im roten Blutkörperchentomatenmark
den Daumen zu stöpseln
in die Luftröhre
noch ein Röcheln rauszulassen
dann nichts mehr
endlich Ruhe

23

Miststück

schön nichts mehr
müssen müssen
nur noch wollen
sollen können
wollen dürfen
wünschen sollen
wohl und übel
haben können
möchten brauchen
fordern wagen
haben haben
gieren zagen
heischen brennen
Namen nennen
warten flennen

doch nicht warten
dringend brauchen
wohlig wollen
dürfen haben
gierig sollen
ohne fragen
Füße küssen

müssen müssen

müssen

**Your system is infected
spysoftware has been installed
your system is infected
your system...**

**Brocken gasiger Luft in der Kehle
nicht schluckbar
abgestanden fauliger Großstadtmief
durchgeröchelt, ausgespien
aus Hälsen, Rohren, Kaminen, Schloten
Auspuff, Arsch und Enddarm
kratzt meine Röhre runter
findet keinen Einlaß
kommt gleich wieder hoch
blau angelaufen
wütende Schweißperlen am Nasenflügel
klebriger Dampf ungeborener Taten
Treibhaushitze macht mich backsteingroß
kompakt geschrumpft auf explosives Format
komprimiert gestauchtes Lauern auf Erlösung
packbar
spaltbar
können Steine schwitzen**

Your system is infected

spysoftware has been installed

spy soft wear

your system...

Spy Soft Wear

Es zischt wenn Fleisch verbrennt
haaresträubendes Brutzeln
stinkende Schlacht

du schließt die Augen
willst nicht sehen
was sich da reinfrißt
ins Gewebe
und zunichte macht
was in dir sitzt

zurück bleibt
faultoter Geruch
rostschwarzer Brandfleck
und ein Stück weniger von Dir

Virus

Da wo ich lieb
ist mir Heimat
eingebrannt in Wolken
und Mond
die durchs Fenster schauen
festgetreten in Asphalt
nass vom Regen
haftend an Brotkrumen
vom Bäcker im Viertel
Kneipenduft geschwängert

verankert im Lächeln
fremd vertrauter Gesichter
Spuren im Weißgrau des Tages
süß und erhaben
unauslöschbar
Müllreste pustend
durch enge Gassen
Blutbahnen füllend
mit wohligem Gefühl
schierer Leichtigkeit

Heimat

Fiebergrasfasern
maiglöckchengrün
raue Stille aus Yorkshirewind
fegt Heidekraut

aus Büschen quellen Fasanenrotten
gleißendes Grün zieht Auge durchs Tal
nasser Torfgeruch gepfefferter Zimt
gewaschene Bäume Bachgeröll
kupfern glitzernde Regenpfützen

auf wollfadendünnen Straßen
senden Hasen Aasgeruch
mumifizierte Zeugen
vom Treiben hinter Bruchsteinmauern

Schafmeere grasen Berge kurz
gelbweiße Nebelfänger
bürsten Wolken karger Höhen
rollende Hügel stupsen Täler
in mauerbewehrte Dreihäuserdörfer

Perlhuhnschreie schneiden Luft
Eulenschnabel stößt Kaninchennacken
Dung Kot wiedergekäutes Grün

Knochen zeigendes Verwesen
und Leben überall
ganz neu ausgespien zu Millionen
aus Bäuchen
endlos gebärender Täler
Landschaft ohne Zeigerticken?

Yorkshire
(On Thinking of Coverdale in September 2004)

Festgenagelt im Raum
oberste Etage von vier
Zimmer Küche Bad
Blick aufs nächste Dach
eingekesselt von Mauern
unliebsame Nachbarn
schweißdicht zimmernah

kein Horizont kein
weiter Himmel
nur fahler Schmutz
am Dachfirst
lang benutztes Laken
Baumfragmente Pseudowald

Verkehrsader schickt Motorbrüllen
mitternächtliche Maschinenträume
Sirenen hacken Trommelfell
trunkne Schreie LKWs
Beton vibriert zum Dachgebälk
Scherbenklirren Stöckelschuhe
brechen durch Asphaltgehäuse

Schwärze schwitzt in Zimmerecken
Augen hinter kahlen Fenstern
Gardinengilb fängt Neugier ein
Dämmerung kaum Spuren heller
als die abgelegte Nacht
nie voll Tag nie voll Abend
neonlichte Glasgefäße Zimmer
schrumpft auf Schachtelgröße
unruhig scharrt der Fuß
Lebensraum stecknadelgroß
aufgerissne Fenstermünder
33 spucken Leiber
federleicht
abwärts
ins Asphaltgewirr

Asphalt

6 Euro 12 Mark also
ungefähr jedenfalls
ist das günstig
für Frühstück
da draußen

Kaffeetasse winzig
Aroma sauig
Ei spermaweiß
Brötchen schaurig
Blick hungrig

6 Euro
ist das günstig
für Schmierwurst
ranzige Butter
aber mit Kiwi

ist das günstig
fürs bisschen Leben
da draußen

Schotterstaubiger Cellospieler
auf nem Plakat mitten in Trümmern
Haare verfilzt gesenkter Blick

Diakonie Lebenshilfe
Hoffnung nicht verlieren

6 Euro
ist doch günstig
fürs bisschen Leben
da draußen

6 Euro

Draußen aber tobt das Leben
Plätze sitzen proppenvoll
unermüdlich glotzen Grüppchen
potentielle Lästerschaften
Münder schaufeln Nahrung ein
stürzen hochprozentig Hartes
in vom Schmähen raue Kehlen
Wisperrufe extralaut
künden neusten KlatschundTratsch

Kinder kalt bei Fuß geschrien
Ungehorsam stirbt im Keim
neben Pizzen stinken Autos
abgasparfümierte Mahlzeit
friedlich im Verkehr diniert
beim Verdauen zugeschaut
stille Wohnung wirkt da irre
leiser Laut vom Weckerticken
Fliegenfüße auf der Wand

draußen aber tobt das Leben
hohles Surren füllt das Land

Draußen aber

In Kirchen hallt es so furchtbar
die Schiffe bersten vor Ruhe
kalt drängen die Masten himmelwärts

Andacht

Unwillen in der Stimme
schleppen sie ihn aufs Klo
in der Kneipe
eine Frau erst
hippes Kleid nicht alt
will Amüsement
er aber stört

feiern ne Party
große Truppe
junge Leute
freudig schreiende Lippen
Geschenke körbeweise
nur er
er stört

weint schon
als er reinkommt
die anderen fröhlich
er ein Nichts
seine Tränen stören keinen
er zehrt an den Nerven
schreit spitz

sie zerrt ihn aufs Klo

die Hippe andres im Sinn
als sich plagen mit ihm
hat davon genug jeden Tag
auftrumpfen will sie
reißt an dünnen Armen
weg ist er eingesperrt

kommen irgendwann wieder
er reibt den Hintern
haben nicht bloß geplaudert
da drin
seine Augen traurig
ängstlich
krank weit

war inzwischen oft da
hinter den Türen
nicht einmal unzählig
fällt auf eigentlich
meist kommt ein Mann mit
blass nicht groß
schmächtig grob zäh

niemand muss
so oft müssen
besser aber
nichts merken
Feierabend
ist eh

jemand folgt
kalkweiße Wände
kleine Kabine
Besetztzeichen rot
drinnen hört man
er droht ça suffit
ferme ta gosch je te dis

die Füße stehen still
wo sind die des Kleinen
ein Problem da?
vom Kind lautes Jammern
dann leiser
ein Wimmern
im Warter wallt Wut

gewitzt ist er
der Zähe
spricht jetzt
Schläge mit Worten
kaum hörbare Flüche
erfülln sich noch
irgendwann

wahrscheinlich viel später
wenn er durchkommt
der Kleine
Kindheit abstreift
sich häutet
hüllt in Leder
und Stahl

wird ein Großer
zu übersehen nie
zu übergehen nie
stört noch immer
Wut trocknet Tränen
darf aufs Klo
ohne dich

möglich schon
dein Besuch kommt
in nicht zu ferner
Stunde
trifft dich an
ganz
allein

Der kleine Junge weint

Kribbeln
wie nach einer Betäubung
wenn Fleisch neu erwacht
zur eigentlichen Bestimmung

anfängt zu pulsen
zu zucken
ausgeliefert den elektrischen Strömen
zischender Wut

blaue Bahnen der Schwermut
kaum vorstellbar
dass sie versiegen werden

Fluss

runter rollen
nur hinunter
diesen kleinen hügel
flach eigentlich
und flacher noch zum wasser hin
chlorgeruch und kinderkreischen
purzelbäume grasabwärts
blonde locken mit sandkörnern drin
gekrümmte füße beine in der lauen luft
sonnenglitzer im auge
himmel oben und unten
wilde runden von grün und blau

nie aufhören
zu rollen
und rutschen
wind spüren
auf der jungen haut
karamell getönt
gänseblümchen zwischen den zehen
auf den lippen reste
von wassereis
keine sorgen

und morgen
bloß ein wort
millionenlichtjahre
weit weg

grasabwärts

Milchflaschen mit Aludeckel
manche davon aufgepickt
wartend vor der Haustür

im Garten
Vogelhäuschen
Amselspatzenkrieg

bin noch nicht ich
lebe in den Dingen
abtauchen in zungensüße
Milchkühle
baden die Kehle in Tröpfchen

im feuchten Gras liegen
Fäuste voll davon
auf Käfer warten

Halme biegen sich
millionenfach befußt
kommen jeden Tag
zur festgesetzten Zeit

bin noch nicht ich
schwimme noch im Fruchtwasser
ungezählter Stunden

Junikäfer

Erd
beer
kleid
Früchte
drauf
Kirsche Brombeer Heidelbeer
gestickte Lust
Sommer drückt
Türen auf
wartet an der
Hinterpforte
schwüle Tage
irgendwo zwischen
HIER
und

dort

Erdbeerkleid

Glühender Gartenpfad wälzt sich
sonnentrunken durchs Gemüsebeet
Bohnen taumeln an Stöcken

Vogelstimmen fein wie
jungfräuliche Kirchenglocken
Kürbisse dampfen Röte aus
das Tor steht offen
zur Wiese zum Feld
Fußsohlen spüren Wärme im Beton
ein Kind tanzt ins Weite

Sorglos

der Wind treibt Körner vom Dachgebälk
klappert an Läden
tastet Fenster
wild reitet er auf Mauern
wacklige Buchdeckel
gebaut um kleine Leben
durch Schornsteine stürzt er aschegrau
feiner Schleier auf Küchentischen
trockne Brotkrumen zusammengetrieben
eben noch Bruthitze mit spiegelnden Ziegeln
jetzt milchblaue Wolkenmeere auf lautloser Fahrt zum
Gefecht
Äste schütteln sich
werfen erste braune Blätter
am Boden tanzen Wirbelstürme um Laternenpfähle

Kein Sommer mehr

Schwarze Wolken lauern
irgendwo im Oberstübchen
im Hirnwasser
blubbern auf Angriff

Gerannt bis ans Ende der Puste
weg von ihnen
obwohl sie ja drin sind

Hats genutzt?

Schwärze 2

Arme schwer wie Eichenwälder
dazwischen ein gedunsener Bauch
adrige Beine krankweiß geschuppt
Runzelbeete erdrücken die Augen

ein Finger hebt sich zitternd
schweißtropfende Arbeit
selbst Atmen geschieht überlegt
auf seinem Körper
haben Schlachten getobt
er schleppt Welten mit sich
Jahrhunderte im kleinen Finger
ganze Zeitalter unterm gelbrosa Nagel

warmer Hauch spukt noch
aus dem Mund
nicht totzukriegen
dieses Leben

Alter

träge liegt sie in ihrem Bett
sieht eigentlich hässlich aus
richtig hinschauen muss man
fett gratig
schleimig glänzend
schmieriger Bezug
aus milchig weißem Übel
vorn die obszöne Spitze

wenn sie sich räkelt
kleben Tröpfchen dran
sie stößt, zischt, spuckt
formt Laute
rotglitzerndes Schamlos
vernichtend gehässig

schießt in fremde Münder
krallt sich fest
umwickelt
reißt aus
macht lammfromm
macht mundtot

Zunge

Gebückt seit Jahrzehnten
gebeugt von zu viel
Aufmerksamkeit
zu viel Zuwendung

krummer Rücken
von zu viel Liebe
kastig geworden
von zu viel Schutz
angebrochen jetzt
kaum noch grad zu richten

schwindlig
vom Blickeheben
krüpplige Säule

zwingt zu Boden
stechender Schmerz
und doch abgehoben
Knick im Hals
vom Nachobenschauen
fast zum Greifen
die fernen Ziele

Wirbelsäule

Fragt man was sie wünscht
dann braucht sie nie was
weiß nicht wies geht
was soll man schon wollen

Dach überm Kopf
Kleider im Schrank
Teller randvoll
Arbeit genug
Langweile nie
da sieht sie noch Staub
zwischen Spüle und Herd

wieder mal Essen
nicht für sich
für die andern
dreimal am Tag
die Jungen erst
die Alten danach
dann der zu dem sie gehört

Zeit für sich selber
womit füllt man Minuten
was soll sie machen
wenn sie keinen bedient

Freiheit macht kirre
sie fühlt sich müßig
ein Huhn das nicht legt

Die Seine

Stur und kantig
beugt sich nicht gerne
wenn doch dann nur
weil sein Körper ihn zwingt
verlässlich immer
groß und beschützend
hart und egoistisch
brutal gegen viele
milde nur zu seinen Lieben

von sich selbst überzeugt
Zweifel niemals
wenn doch dann aber
versteckt er sie gut
hinter rauer Stimme
und groben Tönen
laut und gerecht
schwarz-weiße Antwort
die er selber nicht glaubt

so erhält man die Macht
so bestärkt man sein Selbst
und doch sitzt hinter
der großen Fassade
tief drinnen im Kern

versteckt unter Schalen
ein kleiner Junge
und blickt mit unstillbar
neugierigen Augen
hinaus auf die Welt

Vater

Hab dich nie fortlassen wollen
nicht in den Kindergarten
und nicht zum Arzt
nicht zum Schuhekaufen
und nicht zum Friseur

war stolz auf Dich
du mein Eigen
Spielkamerad Freund
hab dich geliebt
und manipuliert
nicht sehr schwer
so vorauseilend gehorsam

aber auf Dauer
wollt ich Dich stärker
solltest dich wehren
wir gegen die Welt

deine Locken wachsen lassen
jedes Korsett sprengen

bloß kam das Leben dazwischen
und teilte uns
in zwei

wir gehen getrennte Wege
und erkennen uns manchmal
nicht wieder

Bruder

Dein Lachen
Perlen gestickt auf mein Herz
Deine Locken
Schatz erdrückend kostbar
Deine Beine
sausend in eine Zeit
ohne mich

Geschwisterliebe

die Worte gehören mir
ich kann mit ihnen machen was ich will

aber sie sollen auch gehorchen
sollen mein werden
sollen rein sein von andrer Leute Gedanken
sollen frei sein von jeglicher Gewohnheit

nur ich darf meine Zunge drüber lecken
nur ich darf Hand anlegen

63

Mein

Haare struppig, Rücken krumm
Beine witzig, Mund nicht stumm
Augen stechend, Nase auch
Kleider spaßig, kleiner Bauch
Füße tapsig, Schuhe breit,
keine Dame.
Feines Kleid?

klein
und komisch

aber

ich

Ich kotze Rotzwörter
auf den Bildschirm
und frag mich
welche Krankheit wohl
in mir haust
paranoides Gewächs
insuffizientes Getobe

es ist mir
als hätt ich
Fasern
Venen
und Muskeln gewürgt
halbe Galle
halber Magen
halber Darm
bin fast gefressen
sie rauben meine Zeit

Wortrotz

Ganz nervös
ohne das Geflimmer
von dem Ding
das meine Worte frisst
sitzen vor mir im Weiß
lassen mich fühlen
ich bin da

quellen raus
aus dem Hirn
quälen bis ich weiß
welche ich spuck
hatten doch drin
so schöne Verstecke

Produzieren

Innendrin milchigblau
heißkaltes Kratzen
hinter den Augen flirrts
kanns nicht rauszupfen
war lang schon da
vor mir

milchblau

Oh
my head is burning,
my eyes are turning
inside their holes
i can't deny it
drink leads to flying
and loss of selfcontrol
the morning after
the coffee's rather
of little help or none
but heighten the dose
and all of those
thoughts which torment you
are gone

Headache

Die Nase wieder
höher tragen
ebenmäßig gerade
zwei perfekte Nieren
wegsehen über alle
den Kopf nicht senken
voll Scham
vom Aussatz regiert

hymnisches Schreiten
in wolkiger Hochmut

69

Erhaben

Wühlen graben tasten
in Papierbergen
der Jahrzehnte
Staubschichten handbreit
reißen Haut im Nagelbett
Altersfalten brüchig
vom Seitengilb
ziehen neue Landschaften

weiter graben
Schicht um Schicht
durch die Lagen eines Lebens
nie ankommen
tonnenweis entsorgen
doch nie genug
immer noch zu viel
Last auf den Schultern

Gilb

zum trinken reicht
die energie gerad
nicht mehr zum ficken

drum muss man
was man sonst ausspie
die kehle runter schicken

liebestrank

Was macht man
gegen die Versuchung
man versucht
abzuwarten
Duldung
starten
Adrenalinzufuhr
stoppen
Ratio
foppen
Logik
vernichten
Herz
abdichten

mit dem Schicksal
anlegen
Gewissen
wegfegen
auf son Kram
verzichten
darauf kann man...
Na, na !
schwitzen
zittern

fluchen

versuchen halt
versuchen

Versuchung

bier getrunken
meer aus bier
gerutscht in rauen schlund
kopf vom gestern nicht ganz klar
herz verdammt weidwund
hochprozentig schwadenselig
laber noch im ohr
alkohol ich lass dich ziehn
bis abends viertel vor

bier

Don’t hit your head
or loose your mind
be decent calm
and really kind

voluptuous meals
or cheering spirits
forego them all
rely on lyrics

together with a hearty drop
of mineral water and a chop
of good old bread
some candle light
instantly puts your body right

high virtue lies in moderation
without a trace of pure frustration
so be ascetic to the bone
not in excessive fields you roam

the only true thrills for your nerves
be stirring stories put in verse

Advice to a Friend

Frischkäseproduziertdiekuhauszartrosaeutern

Frischkäseproduziertdiekuhaushauchzartenbeuteln

Frischkäseproduziertdiekuhauszartenrosentitten

Frischkäseproduziertdiekuhausspritzzartennippeln

Frischkäseproduziertdiekuhausrosigzartenzitzen

Frischkäseproduziertdiekuhausfeinrosaspitzen

Frischkäseproduziertdiekuhausmilchprallendrüsen

Frischkäseproduziertdiekuhausfrischkäsedüsen

Wiederkäuer

Süßer Teer färbt die Kehlen
dunkelkaffeebraun
klebt schmiert wienert
glasiert schwarz Stimmbandbahnen neu

Laute glitzern zirpen flitzen
über dämmmerungstrübe Seen
prusten hoch gurgeln träge
jungfernfrische Ölfontänen

vorher nie gemocht so glatt
schneckenhäusig aufgerollt
77 Ringe ohne Grand Réserve

hier ne Abart rund Band pur
dicke fette Schnur
fast wie lebendes Gedärm
Strick aus mokkabraunen Fluten

fest elastisch weich im Biss
Honigkauen Kakaoschlucken
Graben gleich in weichem Humus

mir wird klar
jetzt ohne Witz
noch ne Chance für Lakritz

Zweite Chance für Lakritz

Suppenwürfel
reingerührt

Riesentopf
Wasser drin

Brotkrumen
haufenweis

angebraten
Röstverfahren

Pfeffer Salz
Speck dazu
Brot hinein
umgerührt
brodel zisch
Hitzestau
Suppenblasen
punktgenau

Duftgewölk
würzevoll
Suppenhafen
kilotoll

rein damit
in den Bauch
Zunge froh
Gaumen auch
Wohlbehagen
unbedingt
Glück im Magen
alles rinnt

Weißwurscht noch
obenauf
süßer Senf
Daumen drauf

alles voll
platzend satt
Füllhornschwer

kann nicht mehr

Suppenlied

puckerrot gefärbtes Fleisch
pulst in Kühltruhen
geduldig gegen Tütenhüllen
will gegessen werden
fühlt die Stunde nahen

Voll Stoff

Nirgendwo ist's so gemütlich
wie auf Daunenkissen gründlich
dickgepuscht und ausgeschüttelt
mehrfach heftig durchgerüttelt

hochgestapelt aufgeschichtet
so dem Kopf Tribut entrichtet
herrlich wie Gedanken klickern
und im Daunenmeer versickern

Wunder einer Ruhestatt
die Federn für's Vergessen hat

Daunenweichen

DILETTANTISMUS
MUSDILETTANTIS
TANTISMUSDILET
LETTANTISMUSDI
DILETTANTISMUS

DILETTANTISSIMA

Nicht am Nil
nicht am Nil
traf ich jüngst ein Krokodil

ungeheuer groß und lange
lag's in meiner Badewanne
suhlte sich in Seifenlauge
prüfte ob das Shampoo tauge

ondulierte seine Schuppen
feilte Krallen Eckzahngruppen
langte nach der Gurkenmaske
Rosensalz und Tonerdpaste

soff darauf die duftge Brühe
auf dass Mundgeruch entfliehe
stäubte sich mit Puderquasten
sahs Parfumflacons betasten

tief zufrieden mit dem Spa
blieb es prompt für immer da

Badewonne

rollt hin, rollt her
der Wind, mein Kind
Holz klopft leise, Mausgehäuse
Speicherbodenspielgeschleiche
in Aufgerissener-Augen-Schwärze
sirren Modergrüftlerscherze
rollt hin, rollt her
ein Traum, mein Kind

rollt hin, rollt her
die Jagd, mein Kind
von Tieren, die noch hungrig sind
sie kugeln Beute, haschen, harren
in Ecken krümmen, Knochen nagen
gespenstisch zartes Flügelschlagen
werden nie satt
trotz aller Plagen

rollt hin, rollt her
der Kopf, mein Kind
von denen, die kein Fleisch mehr sind
sind dir nicht gram, sie müssen dauern
aufs Ende aller Zeiten lauern
ihre tiefste Nacht währt ewig
Kind, lass sie spielen
hab sie selig

Murmelspiel

Milchflaschendeckel
Anpickgeschwader aus zartblauem Himmel
Weichspülduft nach Erdbeerhaut
und warmen Wiesen
Junikäferkribbeln im Gräserwald
wassereisklebrige Finger
wühlen im Sand
auf Schatzsuche
Hütten bauend dann Straßen
und Städte
Blechautokarambolagen
Sturzbäche aus Gießkannen
machen Plastikmännchensiedlungen
platt
Matsch
zwischen den Zehen
quillt Erde
und warmes Gefühl
nach
oh so gut
Heimat
Schaukeln im Wind
Eismann klingelt
barfuß rennen
über spitze Braschen

kreischen und kleine Schmerzen
für 30 Pfennige
zwei Kugeln
plus eine Extratüte
Zunge hinein
in der Sonne gesessen
auf glutheißer Treppe
Hintern geröstet
schwerelos federleicht
an einem Tag
ohne gezählte Stunden

Sommerflutwarm

Am I
am I old now?
skin get's thinner
ruffled opaque
like silk paper
a sunray
burns through it
a rough wind
stings it
a strong rain
soaks it
but it's still
my dear
ineffective
soul shelter

Soul Shelter

Inhalt

Ruth Rousselange

wurde 1967 in der Stahlkochermetropole Völklingen geboren. Aufgewachsen in einem Dorf nahe der französischen Grenze, studierte sie Germanistik und Anglistik. Auf literarischen Streifzügen durch Großbritannien und Irland vertiefte sie ihre anglophile Leidenschaft. Seit 2000 lebt sie als freie Kritikerin und Autorin in Saarbrücken und leitet die Literatur- und Schreibwerkstatt *Literaturfraktur*. Lyrik-Veröffentlichungen in Anthologien, u.a. bei Reclam Leipzig.
E-Mail: literaturfraktur@t-online.de

Topicana

Eine Reihe des
Verbands deutscher Schriftsteller, Landesverband Saar
in der Edition Saarländisches Künstlerhaus

Bisher sind erschienen:

0 Chris Schrauff
Briefe nach Amerika
Eine Erzählung, 1998

1 Ulla Vigneron
Einer raucht nStixi
Texte, 1999

2 Marcella Berger
Die Fliege
Erzählung, 1999

3 Andreas H. Drescher
Fremde Zungen
Texte, 2000

4 Udo Marx
Squash
reine Poesie, 2000

5 Werner Laubscher
Reise nach Amoenia
eine Madrigalkomödie, 2001

6 Gerhard Stebner
Eigensinn aus lauter Namen
Akrosticha, 2001

7 Hans Gerhard
Glaub's mir halt
12 Geschichten, 2002

8 Klaus Behringer
Kronkorken im Hünengrab
Orte & Unorte in Wort & Bild, 2003

9 / 10 Andreas Dury
Schachtelkäfer
Roman, 2003

11 Joachim Durrang
Perücke der Liebe
Ein Gesang, 2004

12 nelia dorscheid
halbhunde
lyrik, 2004

13 **Topicana 13,**
das Hörbuch
Audio-CD, 2005

14 Klaus Martens
Die Fähre
Ein Abgesang, 2006

15 Leo Gillessen
Nadeln im Kreis
Gedichte, 2006

16 Ruth Rousselange
grasabwärts
Gedichte, 2007

Ruth Rousselange ***grasabwärts***
Gedichte
Saarbrücken 2007
erschienen als Nr. 16 in Topicana,
einer Reihe des
Verbands deutscher Schriftsteller, Landesverband Saar
Edition Saarländisches Künstlerhaus
Karlstraße 1, 66111 Saarbrücken
Fon 0681-372485, Fax 0681-397328,
E-Post: info@kuenstlerhaus-saar.de
Titelgestaltung: Werner Dewerth
Innengestaltung und Satz: Klaus Behringer
Autorenfoto: privat
Druck: Wollenschneider Offsetdruck, SB-Ensheim
Lektorat: Frank Thomas Grub, Chris Schrauff,
Peter Tiefenbrunner
E-Post: topicana@vs-saar.de. Infos zu allen Topicana-Bänden siehe www.vs-saar.de. Die Bücher können dort auch online bestellt werden.
ISBN 978-3-937046-93-8